English spanish

Can you circle the hidden words?

D	C	X	P	I	G	Q	E	W	K
K	M	O	T	H	E	R	T	V	Y
U	O	C	B	T	Z	O	J	P	N
H	M	L	Z	O	N	M	K	F	A
T	R	T	O	S	Y	A	Z	P	J
G	Y	Q	R	O	A	S	T	M	Q
S	H	O	U	L	D	E	R	S	Y
C	S	J	T	Q	G	B	P	C	A
E	J	K	D	G	D	S	H	O	H
E	F	N	Z	L	C	S	J	T	R

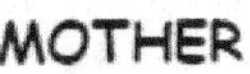

MOTHER

MADRE

SHOULDERS

ESPALDA

PIG

CERDO

ROAST

ASADO

Can you circle the hidden words?

B	Y	A	A	D	D	M	Y	J	X
N	T	Q	F	K	P	R	Q	A	V
A	I	K	L	W	H	I	T	E	N
W	H	J	V	V	W	M	A	C	P
H	O	P	E	C	H	E	S	T	M
H	T	Y	L	A	P	N	B	V	N
T	S	G	U	Y	H	Y	F	W	O
J	I	D	C	U	T	E	Z	K	Q
A	P	R	O	N	F	Q	S	Z	F
B	K	P	X	D	X	V	V	V	H

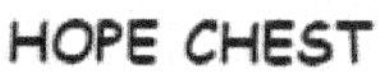

HOPE CHEST

CAJA CON CAJON

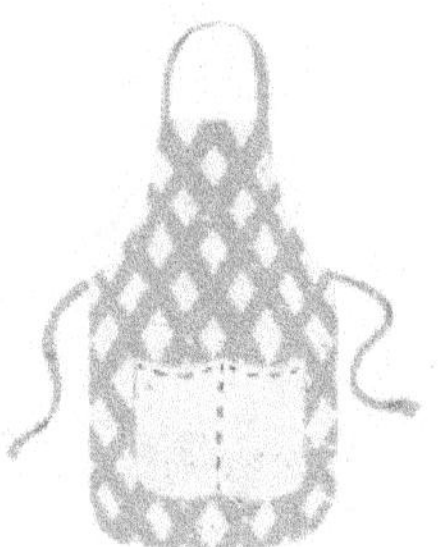

APRON

DELANTAL

CUT

CORTAR

color the word and
the picture in pink

WHITE

BLANCO

Can you circle the hidden words?

T	U	M	B	R	E	L	L	A	G
U	M	O	K	G	R	F	B	Z	G
L	Z	M	J	X	C	G	W	G	H
I	Q	G	W	P	L	O	L	L	X
I	J	J	A	F	Z	U	U	B	L
Z	L	H	Z	J	V	J	C	N	J
R	E	G	G	P	L	A	N	T	J
X	M	O	U	T	H	B	F	F	Q
P	P	I	N	K	W	G	Y	L	C
V	C	C	T	N	F	R	B	L	A

PINK

ROSADO

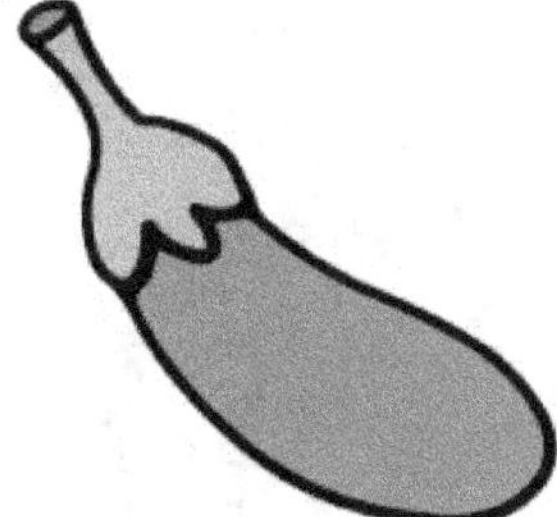

EGGPLANT

BERENJENA

UMBRELLA

PARAGUAS

MOUTH

BOCA

Can you circle the hidden words?

X	J	X	Y	M	H	X	H	M	E
E	V	L	T	L	F	R	K	K	E
V	G	U	A	D	J	Y	C	X	F
Z	S	Y	O	G	A	S	M	L	K
T	S	Q	P	O	W	L	P	U	X
K	J	T	V	H	H	Z	W	S	B
Q	J	S	L	S	D	Q	E	D	O
H	C	H	I	C	K	E	N	U	I
B	T	K	S	L	N	Q	B	K	P
B	U	T	T	E	R	E	V	R	K

BUTTER

MANTEQUILLA

OWL

BÚHO

CHICKEN

POLLO

YOGA

YOGA

Can you circle the hidden words?

H	A	X	D	D	O	N	P	R	V
R	B	G	F	L	X	P	T	Y	P
M	S	O	Y	A	N	T	C	N	I
Y	K	E	T	T	L	E	A	K	O
M	I	L	K	S	H	A	K	E	R
O	C	O	M	P	U	T	E	R	B
J	H	C	I	D	T	E	U	Y	C
Z	V	I	V	H	N	N	L	L	W
V	E	E	M	W	P	H	L	Y	I
C	B	I	L	D	Z	Z	C	V	K

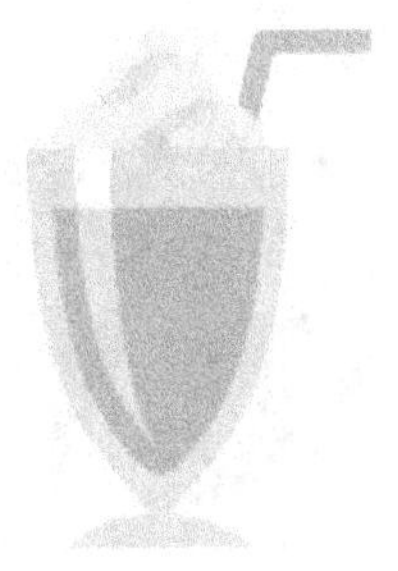

MILKSHAKE

MALTEADA

COMPUTER

COMPUTADORA

KETTLE

TETERA

ANT

HORMIGA

Can you circle the hidden words?

P	F	A	A	T	L	F	F	T	Q
A	N	J	O	T	J	J	R	K	U
C	O	M	P	I	C	B	F	A	W
L	K	J	X	Z	P	N	U	V	Y
E	L	E	V	E	N	G	Z	A	H
N	F	I	W	S	T	M	J	E	J
P	R	A	I	N	Y	K	R	G	Y
M	M	V	P	A	H	O	R	M	D
H	U	D	O	L	P	H	I	N	J
F	K	V	A	S	E	D	I	F	X

RAINY

LLUVIOSO

VASE

FLORERO

DOLPHIN

DELFÍN

ELEVEN

ONCE

Can you circle the hidden words?

I	N	I	N	E	T	E	E	N	N
U	K	C	A	S	H	I	E	R	B
P	G	I	V	E	A	H	H	H	D
M	I	N	E	R	I	C	N	H	M
K	A	D	K	G	J	T	B	H	U
G	F	C	F	V	T	E	R	N	H
P	F	Z	Y	Y	P	N	Z	R	B
C	S	U	H	B	C	J	Z	W	D
B	G	G	H	E	L	Q	E	W	Z
C	S	O	R	G	O	K	I	Q	L

CASHIER

CAJERO

GIVE

DAR

NINETEEN

DIECINUEVE

MINER

MINERO

Can you circle the hidden words?

R	P	V	U	J	S	T	C	I	G
S	A	Y	T	W	N	I	S	M	R
B	B	R	O	W	N	H	A	P	G
P	T	A	L	K	F	G	C	I	E
L	E	K	J	B	M	I	Y	Y	R
M	J	Y	O	A	P	A	G	B	U
C	O	W	M	Z	C	J	X	X	T
E	V	N	O	Z	W	U	P	V	L
H	C	A	R	P	E	T	T	V	S
T	G	A	I	J	R	K	Z	S	R

COW

VACA

CARPET

ALFOMBRA

TALK

HABLAR

BROWN

MARRÓN

Can you circle the hidden words?

```
P  X  X  Y  O  G  U  R  T  B
W  R  E  S  T  L  I  N  G  I
S  O  W  S  K  C  O  M  B  O
Z  F  T  O  Y  A  Y  Y  Y  O
Q  R  V  O  G  P  G  P  B  Z
E  U  L  Z  R  D  D  F  U  O
Q  O  H  I  K  H  N  H  Z  G
U  V  M  O  A  K  N  D  N  Q
T  W  W  G  A  W  D  K  N  P
P  C  N  I  L  K  B  G  E  K
```

WRESTLING

LUCHA

COMB

PEINE

TOY

JUGUETE

YOGURT

YOGUR

Can you circle the hidden words?

S	L	K	W	G	O	P	E	Y	G
P	Z	L	V	T	S	M	Y	W	R
B	Z	X	Y	H	A	K	Z	G	B
E	L	C	W	D	U	C	K	R	O
V	R	A	B	B	I	T	Q	N	Z
J	J	R	G	Y	Y	B	U	O	W
R	D	V	T	N	X	P	Z	H	B
E	E	D	S	V	Y	D	D	B	Z
T	D	J	S	W	O	L	F	O	J
D	C	Y	I	W	I	N	E	B	Z

WINE

VINO

RABBIT

CONEJO

DUCK

PATO

WOLF

LOBO

Can you circle the hidden words?

W	Z	L	Z	C	V	C	H	N	O
O	C	T	O	P	U	S	X	N	R
I	H	Y	S	A	W	N	W	D	D
E	D	P	E	P	P	E	R	M	W
R	Y	T	B	S	W	C	T	L	Z
D	T	Y	U	H	R	K	Y	E	Y
F	D	R	O	J	Z	J	Y	N	M
J	D	M	I	N	A	M	E	P	V
R	Z	U	Z	X	S	K	Y	G	D
J	E	A	N	S	L	T	D	S	J

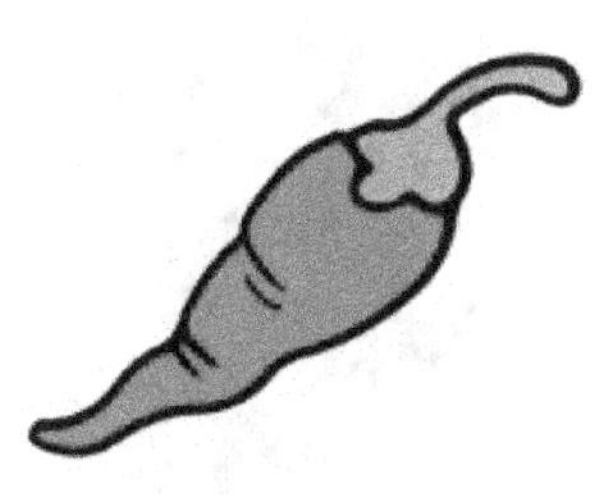

PEPPER

PIMIENTA

JEANS

PANTALONES

SAW

SIERRA

OCTOPUS

PULPO

Can you circle the hidden words?

C	F	U	Q	I	Q	Z	B	Y	F
K	E	T	T	L	E	Y	J	I	B
G	R	A	P	E	Y	C	U	T	J
U	Q	Y	U	Y	T	N	B	B	N
Z	F	M	Q	G	L	A	S	S	S
Q	O	B	J	R	T	C	P	U	I
N	M	X	M	T	T	G	Q	Z	P
H	R	T	V	Y	N	S	Y	B	P
N	F	G	D	J	W	G	Y	J	N
F	S	Q	U	A	R	E	Z	I	N

Square

SQUARE	KETTLE	GLASS	GRAPE
CUADRADO	TETERA	VASO	UVA

Can you circle the hidden words?

```
C  D  P  V  R  K  W  V  Y  Y
X  U  J  A  W  S  K  W  Q  E
I  E  I  G  H  T  E  E  N  L
K  C  H  E  R  R  Y  T  K  T
I  X  H  K  W  P  T  U  X  A
M  A  H  M  U  B  K  E  R  G
H  Z  L  L  I  G  A  I  O  Y
Z  L  Z  U  B  D  R  J  X  W
B  U  T  T  E  R  F  L  Y  M
K  F  A  U  C  E  T  Z  M  Z
```

BUTTERFLY

MARIPOSA

FAUCET

GRIFO

EIGHTEEN

DIECIOCHO

CHERRY

CEREZA

Can you circle the hidden words?

L	G	P	H	O	R	B	I	Z	C
O	L	F	D	L	I	O	N	F	O
D	U	O	A	P	M	X	O	R	H
G	Y	B	O	J	B	W	T	U	I
B	M	P	S	D	N	P	V	X	Z
G	B	O	W	L	A	I	F	L	O
B	T	S	L	E	E	P	Q	E	F
P	C	A	P	W	I	I	F	Q	N
T	W	E	L	V	E	O	E	P	S
J	J	F	R	D	H	B	J	F	X

SLEEP

DORMIR

BOWL

CUENCO

TWELVE

DOCE

LION

LEÓN

Can you circle the hidden words?

E	O	W	A	I	T	P	X	Y	T
H	K	V	O	P	E	N	F	S	W
U	I	G	A	P	W	L	L	V	D
X	I	R	F	B	F	K	I	Y	H
U	G	G	X	N	G	X	O	O	D
E	T	N	T	I	X	J	U	G	L
K	E	H	O	C	K	E	Y	D	Q
B	A	W	O	A	W	E	U	Q	L
M	E	L	D	K	L	T	G	A	Y
Y	X	P	W	R	H	T	W	M	P

JUG

JARRA

WAIT

ESPERE

HOCKEY

HOCKEY

OPEN

ABIERTO

Can you circle the hidden words?

M	O	U	T	H	V	S	Y	T	O
C	G	Z	L	R	G	I	S	E	U
L	E	U	C	H	J	M	U	U	H
W	L	L	Y	C	H	E	E	G	C
W	I	Y	V	L	R	S	A	A	S
S	N	A	K	E	T	R	E	S	P
O	I	X	L	Y	K	F	C	W	F
O	T	P	P	X	J	A	W	Z	H
E	F	L	O	R	I	S	T	L	O
P	I	M	W	L	L	B	T	A	W

LYCHEE

LYCHEE

FLORIST

FLORISTA

SNAKE

SERPIENTE

MOUTH

BOCA

Can you circle the hidden words?

I	F	G	M	B	N	V	R	N	N
H	M	X	Z	F	G	N	U	M	P
J	U	W	G	R	C	T	A	N	M
G	S	A	W	K	F	D	S	L	D
O	Z	D	N	R	O	O	C	B	U
V	C	J	S	U	B	W	A	Y	Q
S	R	E	C	L	B	F	S	T	X
F	P	L	U	M	B	E	R	X	P
V	P	A	P	E	R	Q	Y	R	P
L	K	K	Y	G	D	X	C	G	I

PAPER

PAPEL

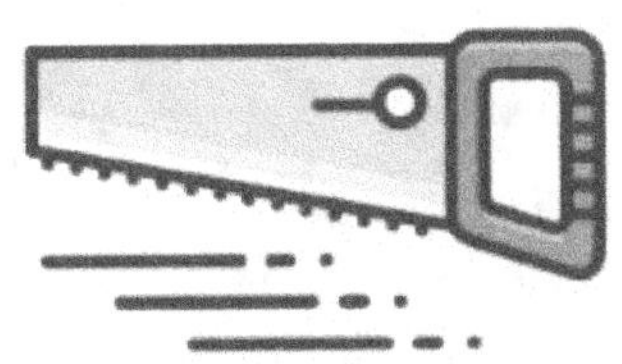

SAW

SIERRA

SUBWAY

SUBTERRANEO

PLUMBER

FONTANERO

Can you circle the hidden words?

I	R	W	N	F	H	K	K	Q	O
F	N	V	W	P	I	E	P	H	B
F	G	P	Z	S	P	I	N	K	L
A	Y	O	Y	W	A	R	M	Z	A
J	D	L	G	E	Y	R	Y	X	E
Y	H	X	N	V	Z	A	U	V	A
C	A	R	R	A	C	I	N	G	O
B	A	S	S	I	N	E	T	U	E
R	Y	Q	C	Z	I	U	B	Y	K
O	Z	U	S	Y	D	L	H	O	R

CAR RACING

CARRERA DE COCHES

WARM

CALENTAR

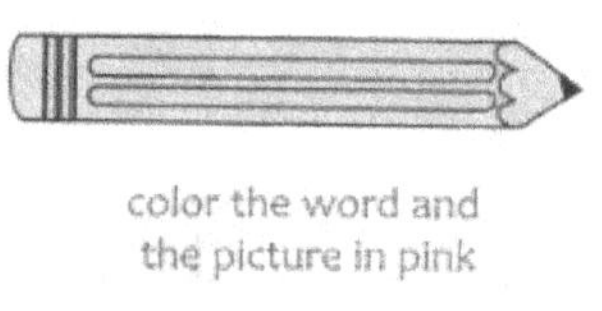

PINK

ROSADO

BASSINET

MOISÉS

Can you circle the hidden words?

K	Y	U	B	R	U	S	H	S	L
S	U	N	D	A	Y	P	C	H	C
A	M	Z	P	U	Z	Z	E	T	Q
D	V	W	D	G	K	O	H	X	F
G	S	V	F	A	X	Z	G	J	E
N	F	X	J	F	J	F	Z	Q	I
V	O	L	L	E	Y	B	A	L	L
V	S	T	A	C	K	X	E	W	D
C	P	B	M	N	H	D	J	L	X
R	D	N	Y	U	L	R	I	H	E

BRUSH

CEPILLO

VOLLEYBALL

VÓLEIBOL

Sunday

SUNDAY

DOMINGO

STACK

APILAR

Can you circle the hidden words?

J	K	D	F	F	X	T	O	I	E
T	E	L	E	V	I	S	I	O	N
Z	M	A	P	K	E	O	N	D	C
C	V	X	G	U	K	P	N	K	Y
J	E	R	A	S	E	R	M	S	V
U	X	S	H	F	C	J	G	I	I
M	R	U	U	Y	T	U	H	X	X
F	M	R	C	V	B	T	R	O	X
O	B	A	C	K	P	D	S	K	J
J	T	Y	P	B	B	A	J	T	F

ERASER

BORRADOR

TELEVISION

TELEVISIÓN

BACK

ESPALDA

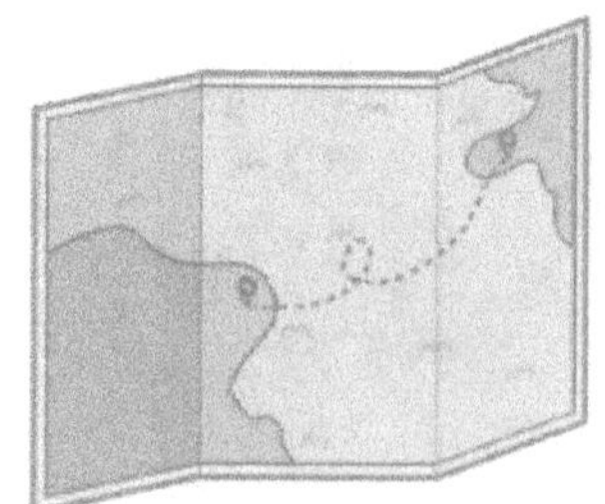

MAP

MAPA

Can you circle the hidden words?

F	M	B	U	S	F	U	F	T	W
B	O	W	L	A	R	W	D	B	P
K	M	R	E	B	L	G	V	Z	O
X	G	C	K	R	O	Y	E	Y	X
C	O	C	O	N	U	T	O	G	Y
D	Q	C	Q	U	O	N	X	W	H
L	P	C	L	O	C	K	X	H	W
R	S	O	Z	M	A	K	U	X	I
T	J	C	H	A	I	R	K	N	W
W	Y	H	Y	C	F	M	C	K	M

BOWL

CUENCO

CLOCK

RELOJ

CHAIR

SILLA

COCONUT

COCO

Can you circle the hidden words?

P	H	O	R	S	E	K	D	T	O
C	D	C	A	B	T	O	O	C	G
H	I	U	I	M	F	R	A	H	Y
T	E	L	E	P	H	O	N	E	C
M	F	K	I	Y	V	W	A	K	V
Q	R	Q	C	P	A	Z	O	N	Q
B	U	F	I	N	G	E	R	S	R
J	G	Y	L	B	W	X	X	G	I
C	V	K	L	A	W	Y	E	R	U
M	L	J	T	S	T	J	M	R	I

HORSE

CABALLO

TELEPHONE

TELÉFONO

LAWYER

ABOGADO

FINGERS

DEDOS

Can you circle the hidden words?

Z	B	J	L	G	Q	Y	W	T	S
W	Z	J	R	I	G	D	N	A	U
U	N	O	T	E	B	O	O	K	V
O	H	Y	T	J	V	W	T	R	L
R	Z	V	C	U	S	R	N	P	Q
Y	E	L	D	G	T	H	D	Q	A
P	A	P	E	R	R	M	V	R	J
K	F	C	L	I	M	B	O	S	Y
B	U	T	T	E	R	F	L	Y	C
Z	M	T	S	V	K	Z	M	V	G

PAPER

PAPEL

BUTTERFLY

MARIPOSA

NOTEBOOK

CUADERNO

CLIMB

SUBIDA

Can you circle the hidden words?

G	R	A	P	E	F	R	U	I	T
C	R	Q	R	A	J	V	W	P	T
L	S	M	J	W	U	H	D	V	G
I	R	H	D	W	N	K	C	H	P
O	G	A	V	Z	H	W	A	A	T
C	V	O	E	X	Z	T	G	U	C
B	O	O	T	S	D	O	W	H	Y
H	E	O	Y	V	A	S	E	P	P
D	T	B	G	L	I	M	E	H	A
F	F	S	U	G	Q	P	M	V	H

BOOTS

BOTAS

GRAPEFRUIT

POMELO

LIME

LIMA

VASE

FLORERO

Can you circle the hidden words?


```
P  B  K  M  G  Y  O  R  U  B
O  K  A  O  O  X  F  E  W  Q
M  O  T  O  R  C  Y  C  L  E
W  A  C  R  E  A  M  C  Q  R
O  S  Z  F  A  S  C  K  L  Q
R  O  B  N  Q  W  H  L  A  N
W  O  R  M  P  U  V  H  O  D
L  Z  S  I  G  Q  D  X  W  D
Q  V  S  H  I  P  N  S  X  D
D  Z  L  J  F  Y  N  J  B  F
```

SHIP

EMBARCACION

MOTORCYCLE

MOTOCICLETA

CREAM

CREMA

WORM

GUSANO

Can you circle the hidden words?

V	D	A	Q	I	S	Y	F	B	P
S	N	Z	O	A	K	P	K	A	W
T	H	Y	Z	F	R	P	L	A	L
Q	U	D	Z	Y	I	S	E	V	R
B	U	P	O	A	C	H	V	X	N
H	B	G	M	L	D	Q	X	M	W
Z	W	B	A	C	K	L	Z	G	U
L	C	W	Z	B	E	D	U	T	A
P	H	V	Q	H	B	N	E	T	M
W	I	N	G	C	H	A	I	R	C

WING CHAIR

SILLA

BED

CAMA

BACK

ESPALDA

POACH

ESCALFADOR DE HUEVO

Can you circle the hidden words?

```
Y  Q  T  V  G  E  A  F  B  E
S  P  I  D  E  R  L  Z  K  H
F  O  S  F  D  W  Q  N  C  K
E  G  D  Q  M  O  U  T  H  B
S  T  R  A  I  N  E  R  I  K
R  Z  N  Z  V  Q  C  T  B  X
V  Q  Z  D  A  Y  L  O  I  M
V  G  T  E  A  S  E  T  I  L
I  D  N  E  D  I  C  L  W  K
Q  X  M  Q  T  C  P  N  W  O
```

STRAINER

COLADOR

SPIDER

ARAÑA

TEA SET

JUEGO DE TÉ

MOUTH

BOCA

Can you circle the hidden words?


```
Y  T  X  H  P  P  C  V  W  P
G  N  O  J  F  A  D  B  R  T
L  B  H  T  L  B  O  O  K  E
H  T  J  L  W  K  L  F  J  H
P  P  P  C  A  R  P  E  T  P
M  Y  L  K  G  B  M  K  A  Q
A  R  T  I  S  T  P  R  P  Q
R  E  U  K  Z  L  R  O  R  L
W  T  M  N  U  E  K  D  Y  T
B  U  T  C  H  E  R  W  C  Q
```

BOOK

LIBRO

BUTCHER

CARNICERO

ARTIST

ARTISTA

CARPET

ALFOMBRA

Can you circle the hidden words?

```
J  W  I  N  W  T  E  S  P  S
U  T  W  I  W  D  C  K  O  O
M  A  P  L  U  M  B  E  R  R
M  L  C  M  D  M  F  O  V  Y
N  G  Y  R  M  M  Z  J  B  N
J  E  P  V  D  K  I  X  W  S
T  U  T  U  C  A  M  E  L  G
E  Z  C  R  Z  B  M  I  E  M
I  E  C  L  O  U  D  Y  T  M
U  F  X  D  X  P  I  S  U  I
```

PLUMBER

FONTANERO

CLOUDY

NUBLADO

CAMEL

CAMELLO

WIN

GANAR

Can you circle the hidden words?

A	Y	P	K	W	A	L	P	Z	Z
I	T	K	K	N	I	W	C	P	Z
U	U	Y	G	G	F	B	M	N	E
M	I	J	F	B	T	V	O	Q	X
U	F	Y	B	E	A	N	I	E	M
C	H	I	C	K	E	N	M	N	G
T	O	T	P	E	P	P	E	R	E
A	G	V	P	P	S	U	U	G	G
V	I	D	E	Y	Y	Q	Y	O	H
J	N	K	S	N	A	I	L	B	P

PEPPER

PIMIENTA

SNAIL

CARACOL

BEANIE

GORRO

CHICKEN

POLLO

Can you circle the hidden words?

M	Q	N	S	U	N	N	Y	G	L
A	M	R	X	H	V	R	F	S	B
B	Z	I	S	S	H	A	R	K	B
V	K	P	B	X	P	V	H	G	Y
F	B	E	F	E	Y	J	C	H	F
H	P	S	F	Z	D	T	E	Q	I
S	Y	D	Z	T	O	Y	G	Y	B
P	I	N	E	A	P	P	L	E	A
U	U	K	O	W	W	C	U	B	I
I	I	R	V	D	U	S	P	O	I

PINEAPPLE

PIÑA

TOY

JUGUETE

SHARK

TIBURÓN

SUNNY

SOLEADO

Can you circle the hidden words?

```
C  O  O  L  A  V  Y  G  F  O
P  V  E  U  J  M  U  A  S  N
K  L  P  V  V  Q  A  T  D  L
Z  B  L  W  X  V  D  Q  W  Y
E  O  A  N  L  J  S  W  B  F
S  Z  P  Z  F  L  N  U  Y  H
Z  T  H  R  O  A  T  M  J  C
S  H  R  I  M  P  A  R  K  Q
O  M  S  U  N  D  A  Y  B  U
Y  S  C  O  I  D  Y  P  X  G
```

Sunday

SUNDAY	SHRIMP	THROAT	COOL
DOMINGO	CAMARÓN	GARGANTA	FRIO

Can you circle the hidden words?

J	D	Q	X	N	W	C	J	B	V
W	J	A	K	O	I	T	A	A	Y
G	G	K	B	I	S	H	O	P	Z
M	M	H	E	Q	D	Y	X	C	K
Y	Q	D	G	H	B	F	B	M	Z
T	G	O	Q	S	Q	H	N	D	P
R	A	T	T	L	E	C	N	A	I
Q	J	E	D	R	E	A	M	E	R
M	O	X	Z	R	S	O	H	W	L
A	C	U	R	T	A	I	N	S	D

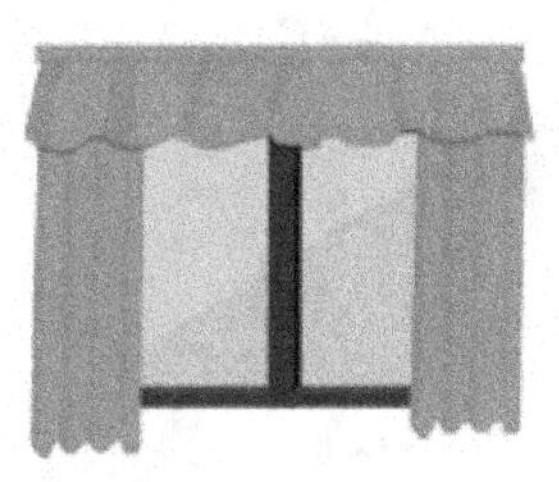

CURTAINS

CORTINAS

BISHOP

OBISPOS

DREAM

SUEÑO

RATTLE

SONAJAS

Can you circle the hidden words?

U	D	G	S	K	K	H	T	Z	F
T	G	B	G	Y	U	S	G	X	T
A	A	B	C	Y	W	J	B	Q	A
J	L	F	O	R	K	P	Y	R	J
T	O	P	D	G	L	N	O	V	V
D	U	Q	T	G	Y	T	B	D	M
Z	R	S	D	U	C	K	K	U	U
H	O	P	E	C	H	E	S	T	O
T	J	I	J	D	P	F	C	E	Y
E	X	C	Y	C	L	I	N	G	R

HOPE CHEST

CAJA CON CAJON

CYCLING

CICLISMO

FORK

TENEDOR

DUCK

PATO

Can you circle the hidden words?

A	T	A	P	L	L	C	X	Q	H
W	S	A	D	U	C	K	E	A	C
V	L	Y	G	Z	R	R	Y	D	P
T	V	Q	U	F	M	S	J	P	C
S	L	A	C	K	S	H	R	K	X
J	B	W	A	N	I	E	N	D	O
R	E	T	M	B	M	Q	T	G	E
B	Q	A	T	U	R	K	E	Y	I
E	G	O	O	E	O	P	E	A	M
C	A	L	E	N	D	A	R	H	G

DUCK

PATO

TURKEY

PAVO

CALENDAR

CALENDARIO

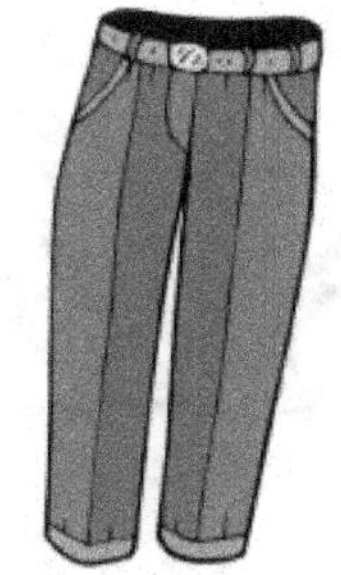

SLACKS

PANTALONES

Can you circle the hidden words?

E	C	B	L	W	E	F	S	V	F
A	E	D	A	G	V	N	A	U	N
T	U	R	N	O	F	F	R	N	G
L	O	B	Z	J	X	B	M	G	Q
Q	B	E	E	J	W	A	D	Y	Q
N	F	O	U	R	T	E	E	N	Z
O	P	O	P	S	V	K	S	C	U
N	P	C	O	F	F	E	E	D	D
V	F	R	R	N	A	Q	V	Z	V
S	Y	U	P	L	K	W	T	L	R

TURN OFF

APAGAR

FOURTEEN

CATORCE

COFFEE

CAFÉ

BEE

ABEJA

Can you circle the hidden words?

```
O  J  H  M  U  J  C  O  W  J
P  P  B  D  R  I  L  L  M  H
V  I  L  V  R  C  I  N  G  R
Q  G  Z  F  R  K  U  X  N  A
W  H  H  V  G  G  L  A  V  Y
Z  B  N  L  T  N  Z  Y  W  Z
W  S  H  K  N  B  F  W  T  M
C  Z  E  B  R  A  C  M  W  K
D  P  P  M  H  H  V  Y  G  F
V  I  R  O  O  S  T  E  R  E
```

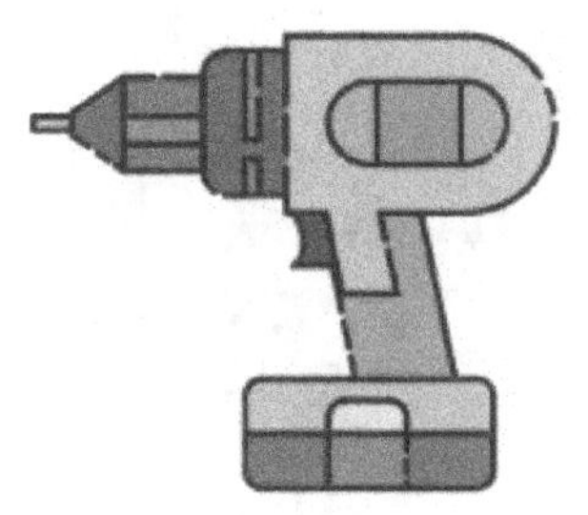

DRILL

PERFORAR

COW

VACA

ROOSTER

GALLO

ZEBRA

CEBRA

Can you circle the hidden words?

```
X  D  G  N  Z  J  I  A  V  H
R  H  J  I  D  A  F  N  Z  I
P  W  I  N  E  S  Q  F  E  D
N  B  A  T  H  T  O  Y  S  V
K  G  L  C  V  R  O  B  P  W
M  U  I  F  X  U  U  Z  H  M
U  D  A  N  C  E  I  M  C  W
P  S  H  A  K  E  K  V  K  H
F  G  Q  P  Q  J  S  Z  G  C
V  I  B  E  U  Q  V  H  Y  O
```

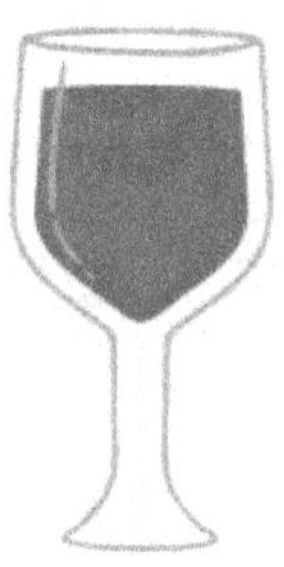

WINE

VINO

DANCE

BAILE

BATH TOYS

JUGUETES DE BAÑO

SHAKE

SACUDIR

Can you circle the hidden words?

```
C  L  C  A  M  E  L  B  Q  R
S  N  M  I  N  E  R  Y  Z  G
Q  H  F  L  F  P  L  C  M  R
G  E  Z  D  J  N  S  I  O  X
Z  F  M  S  N  J  J  Y  A  P
U  I  N  J  B  O  K  X  U  W
T  W  G  Q  D  R  S  Q  V  X
G  L  E  M  O  N  A  D  E  G
G  L  O  V  E  S  L  L  D  O
U  U  J  G  W  B  U  Q  I  P
```

MINER

MINERO

CAMEL

CAMELLO

GLOVES

GUANTES

LEMONADE

LIMONADA

Can you circle the hidden words?

V	L	X	V	H	L	X	U	W	B
D	J	L	J	N	D	U	W	R	Z
W	D	G	D	U	M	B	N	Y	G
P	C	O	C	O	N	U	T	D	E
O	C	H	M	O	U	S	E	W	P
G	D	Q	Q	M	L	M	K	M	J
G	P	W	R	I	T	E	T	Y	S
S	B	T	E	L	Y	V	N	V	R
C	L	O	T	H	E	S	P	I	N
C	B	W	R	U	W	C	X	M	E

MOUSE

RATA

CLOTHESPIN

PINZA DE ROPA

COCONUT

COCO

WRITE

ESCRIBIR

Can you circle the hidden words?

N	G	L	C	C	O	N	E	Z	Y
M	X	I	F	F	I	S	H	U	S
M	G	N	F	I	G	H	T	D	H
Q	U	R	E	Y	W	W	T	V	X
R	R	L	D	Y	U	J	L	H	E
K	E	F	B	G	X	L	M	G	Z
H	G	R	E	E	N	H	M	D	S
T	S	W	Y	D	L	W	W	W	N
Y	M	J	K	A	F	T	O	A	Y
E	O	V	E	R	A	L	L	S	G

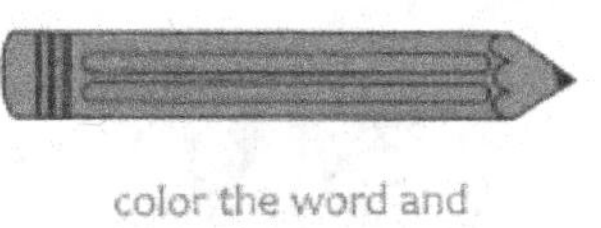

color the word and the picture in pink

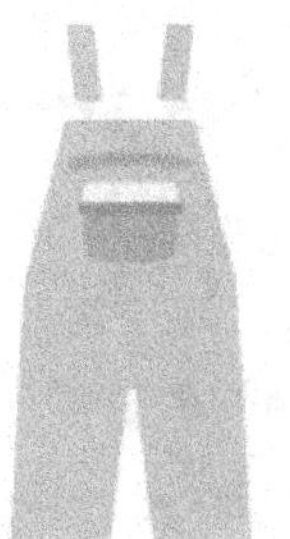

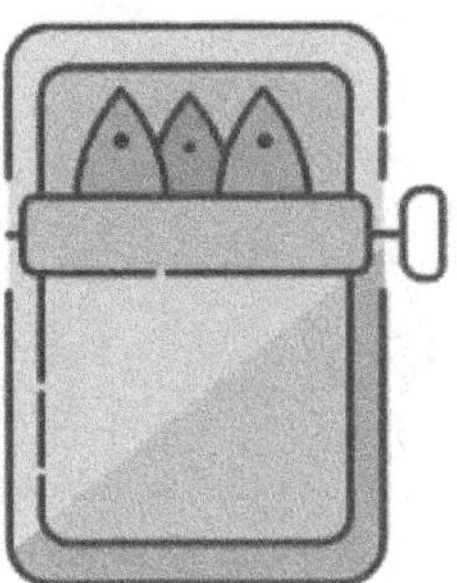

FIGHT	GREEN	OVERALLS	FISH
LUCHA	VERDE	MONO	PEZ

Can you circle the hidden words?

N	Q	L	X	Q	U	H	H	B	O
V	V	Z	S	V	V	A	J	D	A
H	Z	Q	P	A	M	P	S	F	A
F	Z	F	E	N	W	T	T	F	B
T	E	L	E	P	H	O	N	E	O
C	L	O	U	D	Y	C	K	A	B
C	A	B	I	N	E	T	J	Z	C
J	Q	Y	W	Q	Q	B	J	C	V
K	Y	C	R	T	C	W	R	J	H
I	C	E	C	R	E	A	M	C	H

CLOUDY

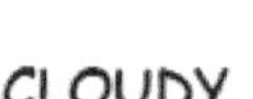

NUBLADO

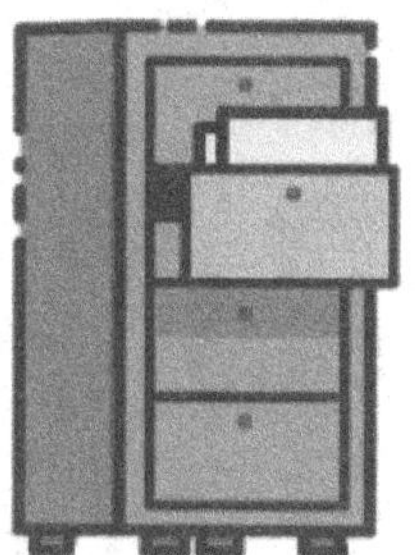

CABINET

GABINETES

TELEPHONE

TELÉFONO

ICE CREAM

HELADO

Can you circle the hidden words?

```
O Q F F U N C L E U
M C U S H I O N Z F
R O S E C I N Y E L
P Y R O I J W W Y U
C E Z L U P U R R N
J Z R Q M L Z K I B
J U K G R Q M I T R
U P A J A M A S H P
M O M G V N K A L H
F I R E P L A C E E
```

UNCLE

TÍO

CUSHION

COJINES

PAJAMAS

PIJAMA

FIREPLACE

HOGAR

Can you circle the hidden words?

H	G	R	I	L	L	P	I	J	V
X	B	H	M	T	T	M	C	O	P
E	L	W	G	B	X	E	W	T	S
T	O	O	T	H	P	A	S	T	E
Q	J	T	Y	L	E	M	J	T	M
G	Y	A	Y	F	A	T	F	Q	N
J	C	R	C	T	A	A	M	B	S
Q	I	F	M	M	G	D	P	X	A
L	H	A	X	D	I	S	H	X	A
M	I	C	R	O	W	A	V	E	G

GRILL

PARRILLA

MICROWAVE

MICROONDA

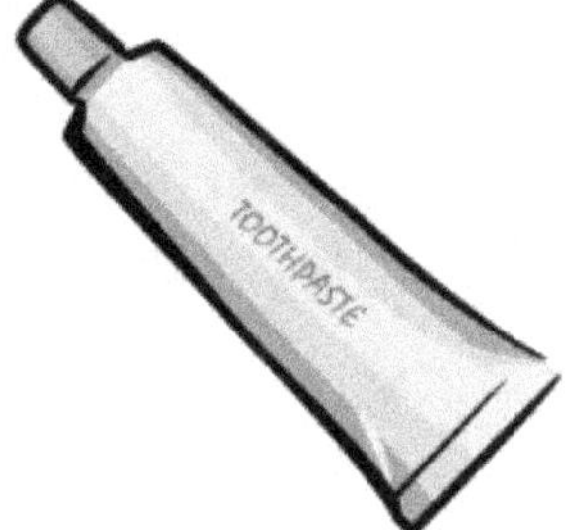

TOOTHPASTE

PASTA DENTAL

DISH

PLATO

Can you circle the hidden words?

U	F	G	X	H	C	X	H	E	C
O	C	T	O	P	U	S	Y	S	W
M	J	F	B	T	M	S	S	W	U
U	F	I	S	H	J	V	N	D	Y
J	F	G	I	M	F	N	P	Y	L
Y	Z	Y	G	P	O	B	M	W	K
D	M	R	R	G	K	N	N	T	I
I	F	T	U	R	N	I	P	F	C
L	H	Y	T	R	A	I	N	R	L
K	S	Q	E	B	V	A	W	T	O

FISH

PEZ

TRAIN

ENTRENAR

TURNIP

NABO

OCTOPUS

PULPO

Can you circle the hidden words?

```
E  M  O  H  G  G  S  Y  O  M
Q  S  N  Q  C  H  G  O  E  Z
K  F  M  O  K  L  A  E  F  E
S  W  M  K  Y  S  H  R  I  B
G  O  A  T  N  H  N  L  F  Z
W  R  I  T  E  O  I  Q  T  Q
C  B  F  O  M  B  G  B  B  J
T  J  U  Q  J  L  I  M  E  Z
S  V  F  V  D  R  A  N  T  X
I  U  M  Q  U  Y  L  K  P  D
```

ANT

HORMIGA

WRITE

ESCRIBIR

GOAT

CABRA

LIME

LIMA

Can you circle the hidden words?

C	A	G	R	T	Y	J	Z	W	R
B	A	C	K	P	A	C	K	S	L
Q	P	K	W	O	I	U	X	G	L
N	B	A	M	S	E	U	N	C	F
P	L	B	E	J	Z	J	T	M	D
D	U	Z	C	R	A	W	L	P	E
D	K	G	J	I	V	R	U	E	W
D	D	H	Z	F	G	O	A	T	U
S	R	X	R	D	J	B	I	B	S
D	C	X	M	I	P	A	T	C	A

BIB

BABERO

CRAWL

GATEAR

BACKPACK

MOCHILA

GOAT

CABRA

Can you circle the hidden words?

C	U	B	E	S	O	A	P	M	R
D	O	V	E	R	A	L	L	S	C
Q	T	Z	L	F	V	D	J	J	R
F	A	V	K	A	A	C	U	P	K
Q	U	I	X	H	S	J	Y	R	S
F	V	Y	J	R	O	U	B	Y	D
U	K	O	P	P	C	O	Y	C	D
M	Y	O	L	T	R	P	K	Q	J
X	E	I	N	D	Z	R	M	L	K
Q	Q	V	N	P	E	A	C	H	G

PEACH

MELOCOTÓN

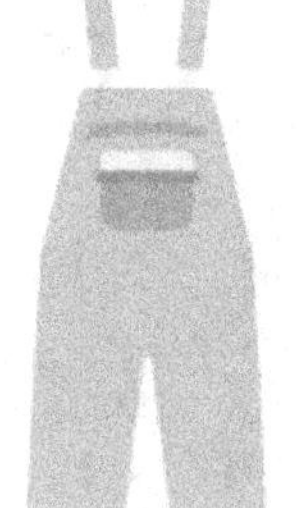

OVERALLS

MONO

CUP

TAZA

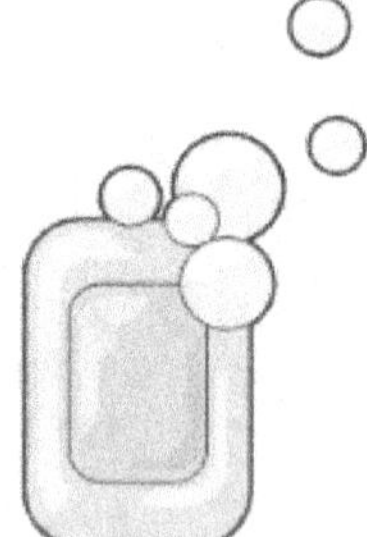

SOAP

JABÓN

Can you circle the hidden words?

B	R	O	W	N	D	V	U	S	B
T	H	R	O	A	T	A	O	C	E
M	O	N	D	A	Y	N	I	S	R
F	M	T	L	W	P	Z	X	H	S
X	L	O	R	A	N	G	E	C	H
Z	G	W	S	A	T	V	B	P	N
M	B	C	B	X	T	C	B	Z	V
N	V	Z	G	X	V	H	H	X	R
X	A	B	G	H	I	B	P	U	K
F	K	T	V	W	G	V	U	P	R

Monday

color the word and the picture in pink

MONDAY	ORANGE	THROAT	BROWN
LUNES	NARANJA	GARGANTA	MARRÓN

Can you circle the hidden words?

U	B	A	S	E	B	A	L	L	Z
Q	A	R	C	H	E	R	Y	A	O
G	B	U	K	N	E	M	L	X	J
B	C	W	P	C	L	I	E	A	C
S	J	X	Q	W	D	M	V	O	Z
N	Z	G	L	U	E	B	P	P	P
S	B	L	Y	B	V	B	M	H	R
X	I	K	N	M	D	M	H	E	V
P	K	V	S	W	B	B	Z	R	X
B	W	G	I	R	A	F	F	E	Z

GIRAFFE

JIRAFA

ARCHERY

TIRO AL ARCO

GLUE

PEGAMENTO

BASEBALL

BÉISBOL

Can you circle the hidden words?

```
O  B  G  T  L  T  R  F  I  V
U  A  D  I  H  X  L  V  O  P
S  V  G  P  Y  N  V  C  G  M
Y  C  T  H  R  O  A  T  P  G
R  G  I  R  A  F  F  E  R  W
X  R  Y  S  W  W  A  B  P  Y
P  I  T  C  H  E  R  R  Y  Q
S  A  N  D  W  I  C  H  V  F
Y  T  I  I  H  W  H  L  R  L
Y  O  Q  W  A  W  A  E  J  N
```

GIRAFFE

JIRAFA

SANDWICH

EMPAREDADO

THROAT

GARGANTA

PITCHER

LANZADOR

Can you circle the hidden words?

N	S	U	R	F	I	N	G	K	I
B	R	A	Z	O	R	O	Y	S	G
L	L	J	M	P	I	C	U	X	M
D	X	U	R	Q	A	O	E	D	U
U	T	A	P	N	U	E	L	T	Q
Q	F	E	W	B	H	F	U	X	N
N	P	A	Q	X	G	A	Y	T	D
C	L	P	W	Z	H	Z	V	P	O
Z	Y	H	C	S	K	I	T	W	O
C	L	O	T	H	E	S	P	I	N

CLOTHESPIN

PINZA DE ROPA

SURFING

TABLA DE SURF

RAZOR

MAQUINILLA DE AFEITAR

SKI

ESQUÍ

Can you circle the hidden words?

W	R	I	X	O	M	I	K	T	E
G	X	I	I	O	W	G	C	L	Q
H	O	R	S	E	S	O	A	W	Q
C	X	E	U	H	F	W	T	I	P
R	O	P	T	I	C	I	A	N	P
Z	H	S	A	E	L	V	T	J	U
W	R	E	S	T	L	I	N	G	W
A	I	M	K	L	E	M	O	N	M
K	J	Q	U	L	R	X	T	W	U
G	D	Q	W	D	T	H	U	O	O

OPTICIAN

ÓPTICO

LEMON

LIMÓN

WRESTLING

LUCHA

HORSE

CABALLO

Can you circle the hidden words?

```
J  C  N  B  N  Q  K  V  J  F
J  R  X  A  F  A  N  H  F  X
I  I  F  L  Y  P  A  T  T  K
A  C  W  G  D  F  Y  S  Z  Y
H  C  L  O  S  E  G  Y  I  U
W  M  Y  X  J  T  T  W  M  J
B  U  N  C  L  E  I  Z  O  P
G  V  E  Q  Z  I  C  I  P  E
T  R  F  I  T  U  J  O  U  V
U  D  N  R  S  C  U  B  E  S
```

UNCLE

TÍO

CLOSE

CERCA

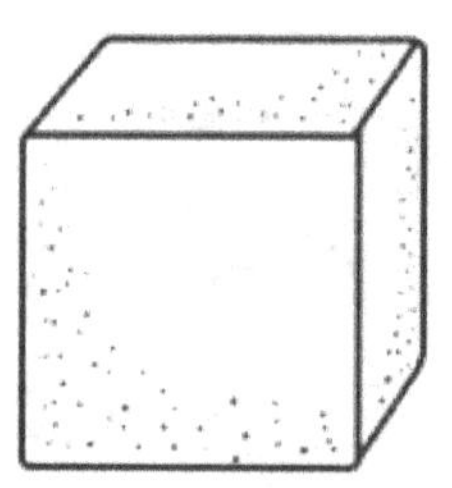

CUBE

CUBO

FAN

VENTILADOR ELÉCTRICO

Can you circle the hidden words?

D	D	Q	M	H	C	G	F	X	A
G	E	B	R	E	A	D	J	Z	Z
K	W	J	G	P	Y	N	C	W	O
K	R	Z	I	D	N	I	C	S	T
O	P	Q	B	E	F	T	U	S	G
N	O	Y	M	F	E	R	P	Q	G
I	J	Y	B	N	A	S	I	T	M
T	E	L	E	V	I	S	I	O	N
I	N	E	T	O	W	L	L	I	L
S	M	U	F	F	I	N	V	P	X

OWL

BÚHO

MUFFIN

MOLLETE

BREAD

PAN DE MOLDE

TELEVISION

TELEVISIÓN

Can you circle the hidden words?

W	M	D	P	F	M	X	V	T	S
O	Z	S	A	S	S	I	V	D	Y
M	A	R	G	A	R	I	N	E	L
I	B	B	I	R	D	C	X	C	P
W	K	N	I	F	E	J	T	U	P
C	P	K	V	C	D	W	E	Q	W
V	I	R	Q	K	T	W	O	C	K
H	Z	K	A	N	T	E	O	E	D
I	J	I	B	T	S	P	K	V	J
D	C	C	Q	V	Y	G	O	R	J

MARGARINE	BIRD	ANT	KNIFE
MARGARINA	PÁJARO	HORMIGA	CUCHILLO

Can you circle the hidden words?

```
B E L L B O Y T W W
M X H U M I D M R L
X H U E D K W I B J
Z O S U O X O G M W
T K M K I W I Z O K
M S P A J A M A S T
O H O M T S A M I Z
V J O M S I M F I D
K R J U Q V E V Q W
D X L K L R T Z B R
```

BELLBOY

BOTONES

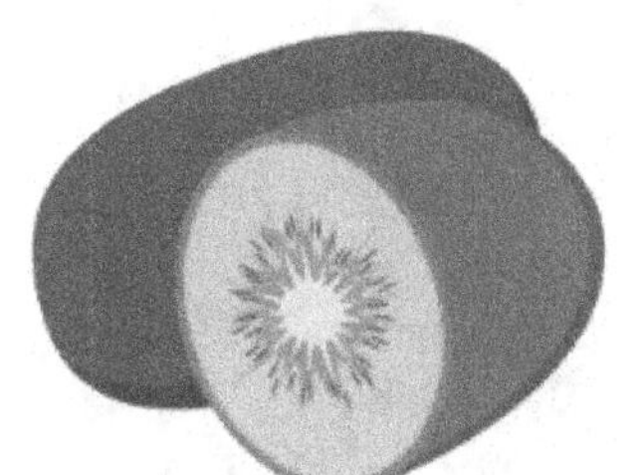

KIWI

KIWI

HUMID

HÚMEDO

PAJAMAS

PIJAMA

Can you circle the hidden words?


```
L  K  R  A  K  M  W  M  C  U
B  N  M  Y  F  R  Y  F  P  Q
Y  S  A  U  S  A  G  E  Z  L
U  O  I  E  B  N  G  E  C  L
C  S  U  N  N  Y  C  H  V  R
M  O  T  O  R  C  Y  C  L  E
Y  A  B  X  G  R  F  P  S  Z
N  F  Z  D  J  P  I  G  X  R
Q  D  W  W  I  N  W  M  E  W
P  A  G  A  Y  O  P  H  H  G
```

MOTORCYCLE

MOTOCICLETA

PIG

CERDO

SUNNY

SOLEADO

SAUSAGE

SALCHICHA

Can you circle the hidden words?

E	L	E	P	H	A	N	T	A	D
B	N	S	X	G	U	W	B	Y	E
S	V	O	B	W	Z	J	V	E	F
X	G	W	L	U	D	H	Y	U	O
J	T	E	S	H	E	E	P	Z	L
D	S	S	K	I	R	P	X	R	R
R	A	D	I	S	H	O	E	V	P
V	J	Q	N	I	P	H	X	X	S
Q	M	U	J	E	M	W	I	I	C
P	U	Y	V	S	A	W	Y	P	D

ELEPHANT

ELEFANTE

SHEEP

OVEJA

RADISH

RÁBANO

SKI

ESQUÍ

Can you circle the hidden words?

Y	S	T	E	P	S	O	N	G	M
K	B	G	Y	G	O	L	F	G	U
H	Q	W	C	F	E	M	I	S	T
N	G	F	G	A	W	B	O	I	T
O	Q	Q	A	Z	K	W	P	U	Y
Z	M	J	F	K	T	R	C	N	P
A	C	C	O	U	N	T	A	N	T
Q	K	D	F	U	B	B	E	A	C
P	B	G	H	C	S	Z	U	B	F
E	O	V	B	W	I	N	D	Y	A

ACCOUNTANT

CONTADOR

GOLF

GOLF

WINDY

VENTOSO

STEPSON

HIJASTRO

Can you circle the hidden words?

H	O	P	E	C	H	E	S	T	S
P	T	R	A	S	H	C	A	N	O
Z	L	W	I	I	K	E	N	J	H
K	J	D	T	J	Y	T	S	N	D
F	R	P	I	T	B	S	N	S	I
M	L	E	T	T	U	C	E	T	L
Y	V	Z	S	K	A	M	D	F	K
O	O	V	S	X	E	Y	U	M	T
X	S	I	E	O	I	M	G	V	F
M	R	N	E	C	K	D	L	Z	B

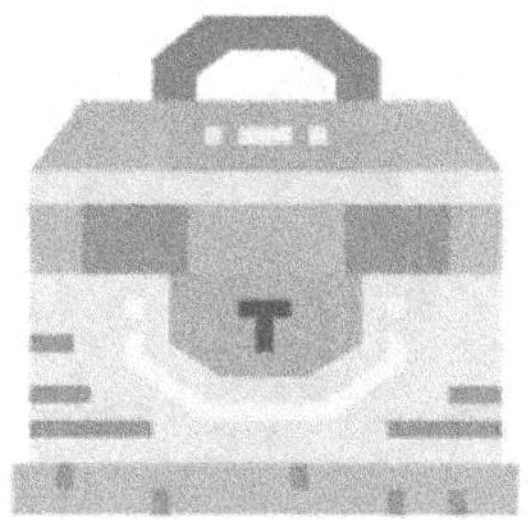

HOPE CHEST

CAJA CON CAJON

NECK

CUELLO

LETTUCE

LECHUGA

TRASH CAN

BOTE DE BASURA

Can you circle the hidden words?

```
P  K  S  U  G  A  R  F  L  D
S  K  T  V  P  E  A  S  Z  Z
E  J  I  I  U  S  B  Y  K  C
G  U  R  D  Z  E  R  N  Y  L
V  X  H  G  I  N  C  N  G  B
A  Z  K  O  T  E  A  B  S  K
D  Z  A  Y  R  I  R  Z  I  F
I  Q  J  N  O  X  A  U  G  M
R  Q  Y  P  A  Q  O  L  U  X
N  F  I  G  H  T  L  N  V  A
```

SUGAR

AZÚCAR

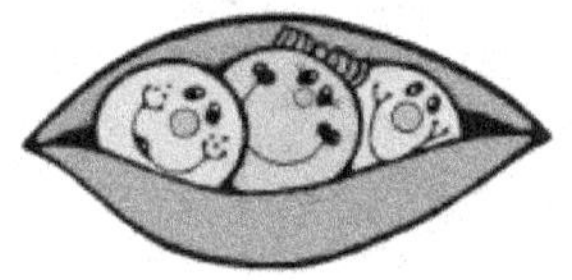

PEAS

CHÍCHAROS

FIGHT

LUCHA

TEA

TÉ

Can you circle the hidden words?

W	G	O	P	N	L	T	I	E	X
B	C	W	A	T	C	H	T	V	O
Y	A	N	T	L	Y	X	E	I	O
X	O	R	S	V	B	U	N	P	O
H	S	R	O	B	Y	U	Z	N	N
U	S	E	W	W	F	B	T	P	C
J	T	G	L	G	N	K	A	A	A
Y	V	C	O	W	I	O	O	W	X
N	Y	S	I	X	C	N	B	L	K
D	U	W	L	A	J	H	C	D	I

TIE

CORBATA

COW

VACA

ANT

HORMIGA

WATCH TV

MIRAR TELEVISIÓN

Can you circle the hidden words?

```
E  K  Y  E  H  D  X  C  Q  V
X  Y  Q  S  K  M  E  Z  I  X
I  K  T  S  A  W  U  I  O  I
N  O  T  E  L  M  W  A  E  B
H  R  L  M  Q  D  K  M  A  N
R  V  Y  J  X  Q  J  E  T  J
U  G  P  X  O  J  N  A  J  Q
B  A  K  E  R  M  G  N  P  I
F  I  I  Q  H  K  V  W  J  U
K  S  O  F  A  Y  N  W  C  U
```

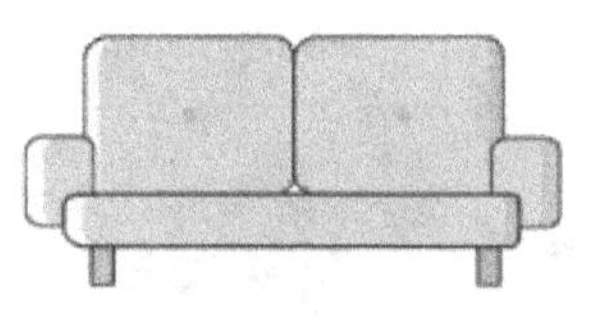

SOFA

SOFÁ

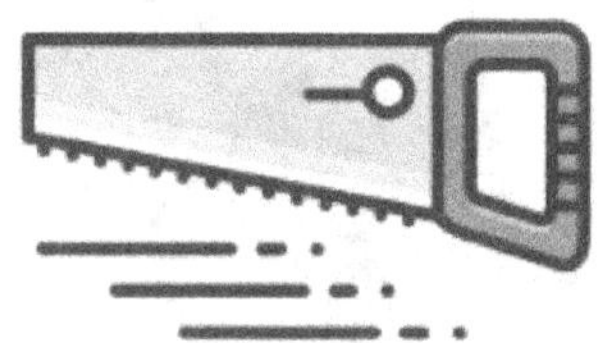

SAW

SIERRA

BAKER

PANADERO

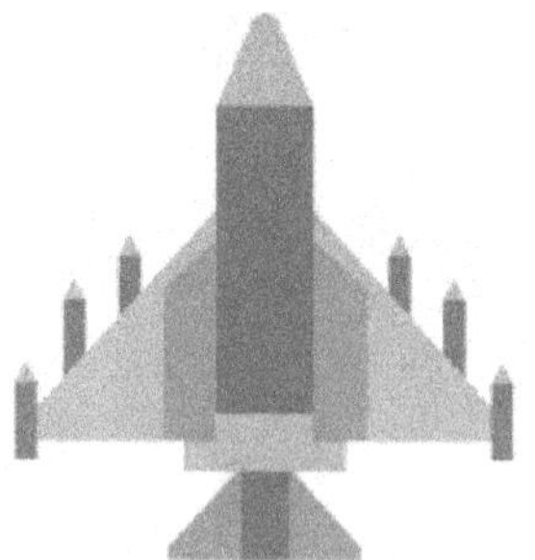

JET

JET

Can you circle the hidden words?

```
H  N  Y  A  R  M  M  R  V  Y
M  A  R  G  A  R  I  N  E  M
L  B  M  K  M  O  M  Y  U  E
H  P  U  M  P  K  I  N  U  A
D  G  F  I  F  T  E  E  N  A
D  Q  P  S  T  B  L  D  K  J
S  G  M  R  Q  U  H  L  R  Q
M  R  D  G  W  T  Z  N  W  H
L  B  N  S  Z  Q  O  K  B  N
D  J  M  O  U  S  E  F  A  P
```

PUMPKIN

CALABAZA

MOUSE

RATA

MARGARINE

MARGARINA

FIFTEEN

QUINCE

Can you circle the hidden words?

```
Z  U  W  M  V  K  G  Z  A  A
G  R  A  N  D  S  O  N  B  Q
X  Y  L  H  K  Z  U  X  R  L
V  E  N  L  N  Y  H  X  E  T
A  Y  M  A  N  R  R  H  J  Y
A  U  X  Z  K  N  I  F  E  M
R  W  I  B  C  M  C  F  M  V
C  V  X  H  Q  T  P  D  D  Y
P  W  C  A  R  R  O  T  F  J
T  O  O  T  H  B  R  U  S  H
```

TOOTHBRUSH

CEPILLO DE DIENTES

CARROT

ZANAHORIA

GRANDSON

NIETO

KNIFE

CUCHILLO

Can you circle the hidden words?


```
M D D R I L L L U B
D A N C E Y Z V L W
P D O P I B P G G Z
V K A G P U P R U G
K H B F X H B R P V
Y O L D S D X G Y C
C F O H L C O L D T
F T U R N O N P E M
V D K H B R Q N U Q
Y W U E T E P X V W
```

TURN ON

ENCENDER

DANCE

BAILE

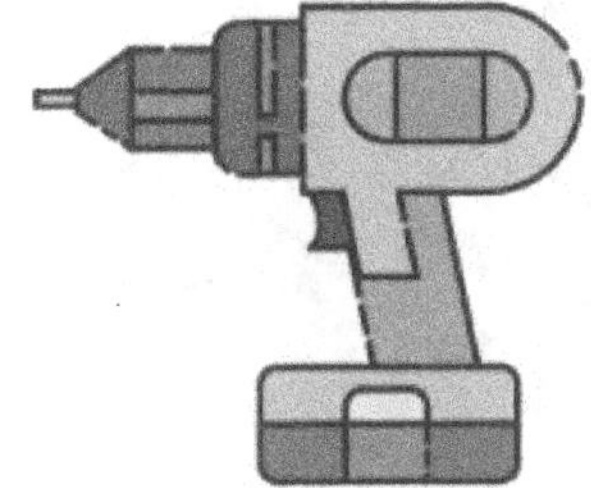

DRILL

PERFORAR

COLD

FRÍO

Can you circle the hidden words?

H	J	W	G	K	N	I	F	E	G
U	Y	E	E	P	Y	N	I	R	E
S	A	L	A	D	D	V	R	J	J
G	R	R	E	Y	E	S	J	D	H
Y	H	W	A	B	E	E	T	C	Y
V	B	M	S	L	E	E	P	P	U
U	W	R	M	A	B	A	U	D	M
K	F	K	B	W	B	L	C	K	T
F	O	L	L	E	P	H	W	Y	Z
Y	F	A	B	U	O	N	J	V	V

KNIFE

CUCHILLO

SALAD

ENSALADA

SLEEP

DORMIR

EYES

OJOS

Can you circle the hidden words?

X	P	I	V	K	S	T	E	M	Z
M	S	E	L	E	V	E	N	O	P
U	A	N	T	J	P	U	A	C	Z
I	Z	X	W	D	Z	V	I	O	I
M	H	E	N	Z	P	V	J	H	Q
P	E	P	P	E	R	V	R	K	X
A	B	U	K	W	R	W	C	Y	X
L	B	O	W	Q	N	N	I	E	L
T	I	N	B	P	H	U	B	G	T
P	N	R	F	I	G	B	T	T	J

ELEVEN

ONCE

ANT

HORMIGA

PEPPER

PIMIENTA

FIG

HIGOS

Can you circle the hidden words?

W	C	E	R	G	H	L	Q	F	N
R	T	O	P	J	G	L	U	E	K
M	H	O	N	E	I	Y	H	A	K
Z	T	W	E	N	T	Y	N	F	V
A	F	S	Y	J	X	X	Y	E	I
Q	O	H	A	I	R	R	S	P	E
R	W	D	I	Z	M	A	B	O	W
K	K	F	J	A	D	O	W	A	A
I	K	M	V	X	F	M	V	L	D
I	K	T	Q	R	T	K	E	B	F

HAIR

CABELLO

TWENTY

VEINTE

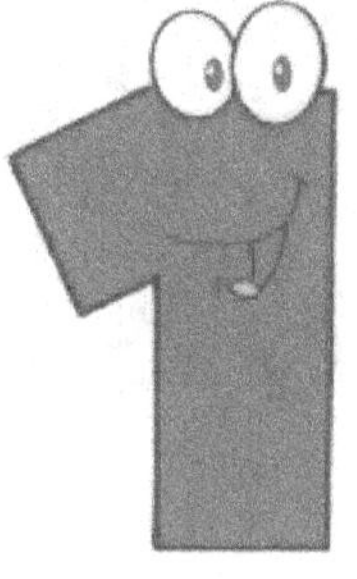

ONE

UNO

GLUE

PEGAMENTO

Can you circle the hidden words?

V	A	I	F	D	R	I	L	L	Y
S	I	O	D	A	W	L	E	N	N
K	N	J	D	K	I	W	J	E	I
U	D	A	M	L	J	K	L	X	O
H	G	W	K	N	U	J	Y	Y	F
S	F	P	M	C	U	T	Z	I	X
Z	X	T	O	M	A	T	O	C	Q
S	O	H	H	A	S	M	M	P	V
K	M	P	N	F	U	U	V	E	X
C	E	B	A	C	O	N	Y	O	H

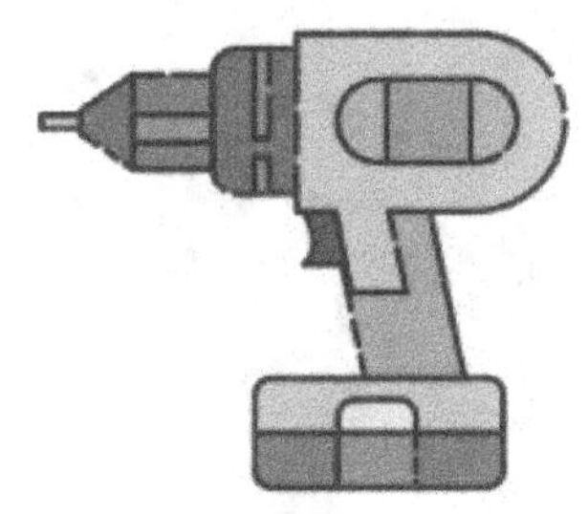

DRILL

PERFORAR

TOMATO

TOMATE

CUT

CORTAR

BACON

TOCINO

Can you circle the hidden words?

M	T	E	N	E	S	I	W	O	I
I	Y	E	R	K	O	D	I	W	U
O	I	D	E	G	K	U	S	A	Q
Y	H	A	W	D	E	B	Q	B	B
P	K	R	E	G	B	A	S	H	I
R	O	W	L	M	E	G	M	Y	G
L	C	O	W	E	K	W	T	Y	E
C	Q	I	T	R	M	U	K	I	O
X	E	W	J	N	D	X	W	L	W
L	I	P	S	T	Z	D	X	Y	K

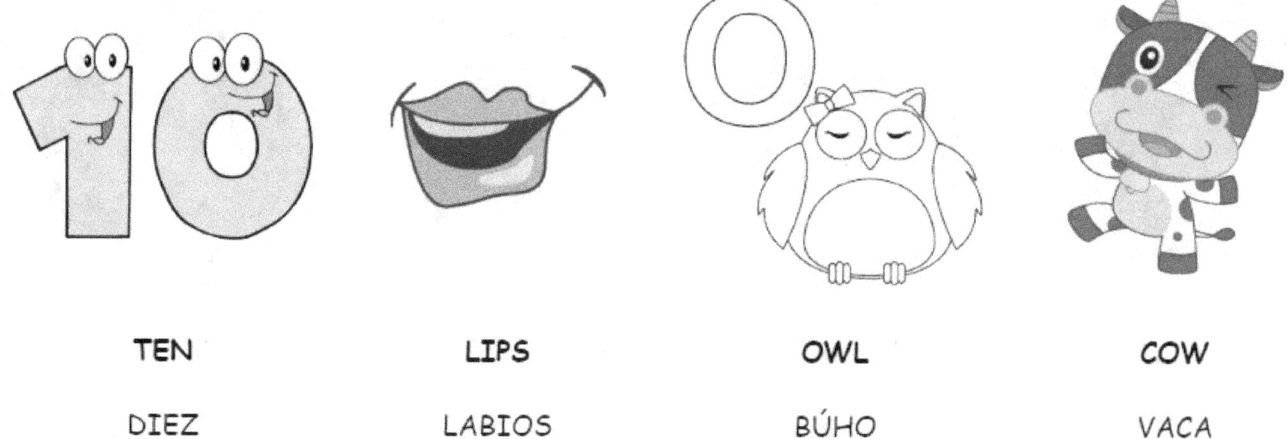

TEN	LIPS	OWL	COW
DIEZ	LABIOS	BÚHO	VACA

Can you circle the hidden words?

Q	T	W	A	P	N	U	B	Y	L
S	Q	U	A	R	E	V	A	J	Q
T	D	O	N	U	T	O	X	L	E
D	S	H	O	E	S	Z	T	F	P
B	T	W	O	V	H	L	P	Z	E
F	Q	C	S	I	H	K	Q	T	V
O	Z	R	A	H	T	C	M	N	U
W	A	V	U	K	L	B	W	U	H
L	X	V	E	T	V	G	D	D	B
U	R	O	E	X	O	I	E	F	J

TWO

DOS

SHOES

ZAPATOS

DONUT

ROSQUILLA

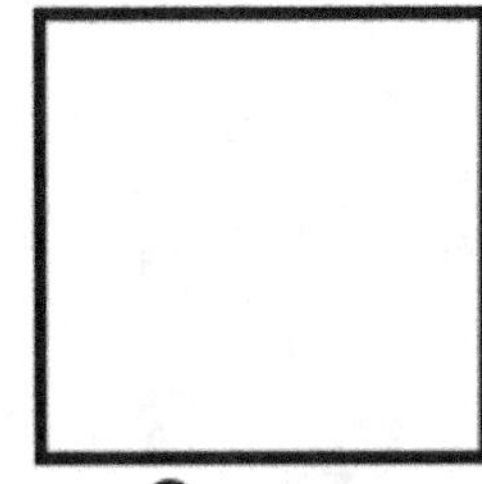

Square

SQUARE

CUADRADO

Can you circle the hidden words?

A	Y	D	X	C	K	N	I	S	K
X	S	E	O	X	K	W	Q	X	Z
G	R	A	N	D	S	O	N	L	N
R	D	Y	F	Q	E	T	L	E	H
G	N	I	E	C	E	U	K	W	N
R	J	H	K	W	O	G	L	N	O
W	A	T	C	H	T	V	V	D	F
A	A	L	N	M	D	Z	O	O	U
S	U	M	V	I	G	O	W	X	H
C	M	J	Y	O	G	U	R	T	P

GRANDSON

NIETO

WATCH TV

MIRAR TELEVISIÓN

NIECE

SOBRINA

YOGURT

YOGUR

Can you circle the hidden words?

K	B	I	E	A	T	L	N	L	I
B	K	F	C	T	I	I	W	U	I
M	I	R	R	O	R	U	J	P	K
P	N	I	T	A	W	J	U	H	P
F	H	T	I	M	E	R	Y	S	T
T	I	E	T	J	H	Q	X	N	E
G	Z	R	O	O	D	E	X	B	X
X	O	N	M	I	G	E	C	U	E
H	N	W	I	M	W	D	C	K	C
A	R	I	W	Y	I	I	S	N	B

TIE

CORBATA

MIRROR

ESPEJO

EAT

COMER

TIMER

TEMPORIZADOR

Can you circle the hidden words?

W	A	T	C	H	T	V	M	V	Y
J	C	B	K	L	X	K	B	T	T
Y	G	U	C	Y	L	A	W	U	F
P	U	C	S	C	C	X	R	J	K
B	O	I	L	O	Z	W	R	W	M
X	C	A	B	F	O	H	W	I	I
O	D	Z	A	C	R	A	W	L	A
P	A	P	Y	C	J	X	F	T	V
X	T	E	N	G	F	Q	U	R	X
U	A	K	U	A	V	M	G	X	L

BOIL

HERVIR

WATCH TV

MIRAR TELEVISIÓN

CRAWL

GATEAR

TEN

DIEZ

Can you circle the hidden words?

```
H A T S T A N D Y F
V Y Y H J R A N V Z
F V V U Z V N K D U
X S E F C H J M B U
J M U H P K Q V E M
F D F V K J U F R B
C L O T H E S P I N
F T W E L V E L N V
W I N G C H A I R V
T E X D O T A I S M
```

HAT STAND

PERCHA

TWELVE

DOCE

WING CHAIR

SILLA

CLOTHESPIN

PINZA DE ROPA

Can you circle the hidden words?

M	Q	G	L	S	P	O	L	B	Q
K	E	B	A	B	Q	D	Z	A	W
H	L	K	J	E	W	L	E	P	N
C	Q	M	N	C	W	A	I	T	W
M	C	J	P	M	C	I	H	V	X
K	X	E	U	J	U	R	S	B	F
H	N	V	G	X	O	E	F	Q	R
Q	K	E	R	L	H	G	D	C	L
E	K	A	N	G	A	R	O	O	W
O	P	E	N	H	Y	O	N	X	Q

KANGAROO

CANGURO

WAIT

ESPERE

OPEN

ABIERTO

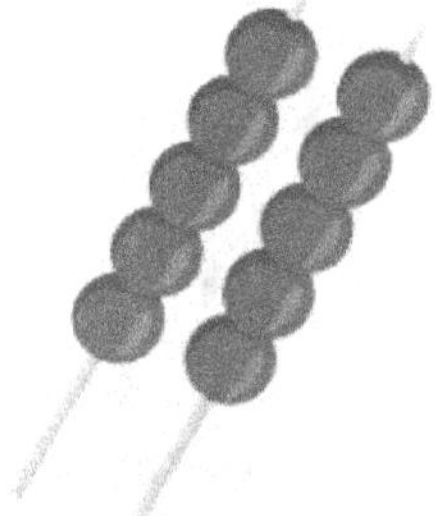

KEBAB

BROCHETA

Can you circle the hidden words?

V	S	T	J	I	D	Y	B	D	Y
Z	G	F	E	G	H	S	N	N	U
T	G	U	C	R	A	B	D	S	Z
Y	G	B	H	K	A	F	L	Y	P
N	I	N	E	T	E	E	N	W	L
D	B	D	D	F	N	Z	O	B	N
V	O	L	L	E	Y	B	A	L	L
R	M	K	W	E	D	K	Y	R	A
F	W	W	I	T	B	X	I	T	X
W	F	O	D	Z	Z	I	B	Q	S

CRAB

CANGREJO

VOLLEYBALL

VÓLEIBOL

NINETEEN

DIECINUEVE

FLY

VOLAR

Can you circle the hidden words?

```
L  K  W  S  K  R  I  Z  R  C
I  C  E  C  R  E  A  M  U  F
C  K  A  E  C  O  C  O  A  S
X  N  K  D  E  Q  C  E  B  H
S  B  Y  H  Q  D  F  C  H  U
U  J  P  L  A  T  E  Y  I  B
U  B  A  S  S  I  N  E  T  F
F  I  D  T  S  X  G  L  X  I
J  A  T  L  T  Q  N  J  K  B
C  D  S  W  F  F  M  L  F  P
```

COCOA

CACAO

PLATE

PLATO

BASSINET

MOISÉS

ICE CREAM

HELADO

Can you circle the hidden words?

T	B	L	E	T	T	U	C	E	B
B	C	Z	S	N	A	N	E	V	O
I	M	D	S	I	N	G	Z	P	Y
B	Z	I	O	G	R	W	U	B	D
V	I	T	O	H	W	E	K	O	U
T	Q	X	N	D	H	M	E	Y	U
S	O	D	A	W	E	N	Q	T	L
B	U	F	T	H	A	F	R	E	I
A	O	K	Y	R	Z	A	D	I	V
E	P	U	D	D	I	N	G	F	X

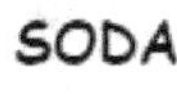

SODA

SODA

PUDDING

PUDÍN

SING

CANTA

LETTUCE

LECHUGA

Can you circle the hidden words?

Q	G	S	F	M	H	Q	B	A	H
D	I	V	E	T	Z	L	O	L	G
H	C	Z	W	K	P	J	Q	B	A
G	C	C	U	H	U	H	N	R	W
H	O	E	V	S	W	W	X	S	G
C	R	I	C	K	E	T	H	Z	U
G	C	H	A	I	R	U	M	Y	I
K	P	N	U	V	F	H	T	G	Z
T	E	M	B	T	C	K	U	L	O
S	U	R	F	I	N	G	N	N	T

SURFING

TABLA DE SURF

CRICKET

GRILLO

DIVE

BUCEAR

CHAIR

SILLA

Can you circle the hidden words?

B	B	E	E	R	W	V	Q	U	S
W	Q	V	K	V	O	C	E	V	B
L	S	L	A	P	R	O	N	S	Z
R	C	B	Y	Y	C	D	X	V	Q
Y	O	D	U	G	H	M	F	R	N
M	C	Z	K	A	L	V	Y	Z	Q
Y	L	A	R	T	I	S	T	K	P
G	O	I	K	W	H	O	X	N	U
P	E	N	R	J	K	C	S	P	J
O	I	V	L	D	W	P	Z	A	U

BEER

CERVEZA

PEN

BOLÍGRAFO

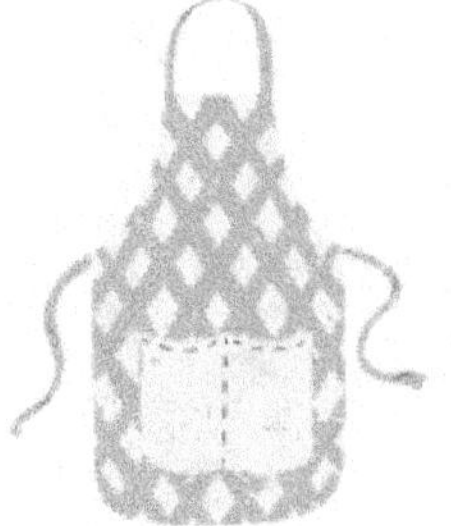

APRON

DELANTAL

ARTIST

ARTISTA

Can you circle the hidden words?

```
C  R  I  S  Q  Y  J  J  E  D
S  C  Y  E  L  L  O  W  I  V
M  H  K  A  R  A  T  E  A  W
P  H  M  I  E  B  E  P  Q  N
B  L  H  I  E  F  Q  N  C  C
D  H  F  I  S  H  M  V  W  F
V  L  I  J  P  X  C  T  H  Q
D  Y  U  T  T  M  K  H  B  B
C  I  P  A  R  M  U  G  U  K
J  V  Z  Q  W  A  I  S  T  N
```

KARATE

KÁRATE

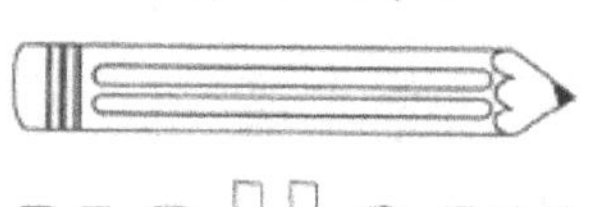

YELLOW

AMARILLO

FISH

PEZ

WAIST

CINTURA

Can you circle the hidden words?

```
G  A  I  E  V  F  V  G  J  A
B  N  H  N  I  Q  T  A  V  P
I  T  N  G  W  D  W  R  M  Q
L  P  N  C  K  X  S  C  J  U
L  Y  T  G  F  A  G  M  P  L
C  O  F  F  E  E  I  G  D  J
T  O  X  A  D  L  B  H  M  D
H  Q  W  B  L  I  N  D  S  J
W  A  I  S  T  I  U  B  O  R
S  C  O  M  P  U  T  E  R  R
```

WAIST

CINTURA

COFFEE

CAFÉ

BLINDS

PERSIANAS

COMPUTER

COMPUTADORA

Can you circle the hidden words?

Y	T	A	X	I	C	L	O	O	C
J	Y	O	S	C	K	G	D	X	X
E	A	S	R	Y	A	E	I	G	U
M	X	S	A	E	S	M	X	B	L
D	M	I	R	R	O	R	D	M	R
N	J	J	U	A	N	L	M	N	K
F	R	X	H	O	C	K	E	Y	N
D	H	L	O	F	E	N	S	T	F
N	D	Q	I	R	T	O	Y	G	L
H	S	Y	G	R	E	E	N	J	J

TAXI

TAXI

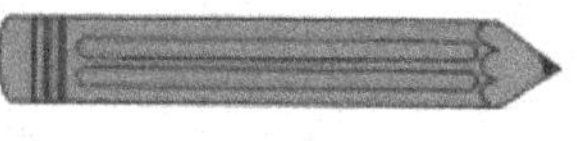

color the word and
the picture in pink

GREEN

VERDE

MIRROR

ESPEJO

HOCKEY

HOCKEY

Can you circle the hidden words?

```
Y  N  T  C  E  F  F  A  L  O
F  W  Z  X  U  W  I  G  S  P
L  V  O  T  S  P  I  M  D  D
N  Y  E  L  L  O  W  H  A  K
Q  L  R  W  I  N  B  N  L  Y
S  C  I  S  S  O  R  S  C  H
H  Y  U  M  O  Z  W  Y  U  H
V  M  L  P  X  M  V  E  Z  H
C  Y  M  S  A  I  Q  W  P  G
S  Q  U  I  R  R  E  L  X  A
```

WIN

GANAR

SQUIRREL

ARDILLA

SCISSORS

TIJERAS

YELLOW

AMARILLO

Can you circle the hidden words?

N	S	O	C	K	S	O	S	C	Y
B	Y	K	T	L	G	N	I	J	A
T	O	N	G	U	E	U	K	S	R
G	C	J	I	X	K	A	H	H	R
A	B	T	N	T	D	C	Q	N	Q
C	Q	A	A	E	B	E	L	T	Q
H	N	R	N	B	K	I	S	C	K
L	M	I	A	R	W	G	B	X	V
L	C	M	I	D	Q	U	F	L	Y
S	A	U	C	E	R	D	T	F	X

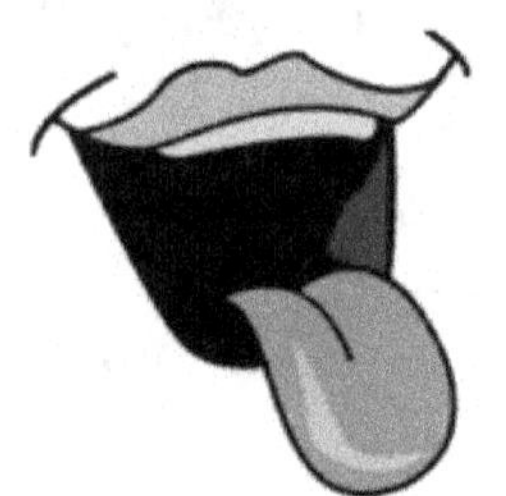

TONGUE

LENGUA

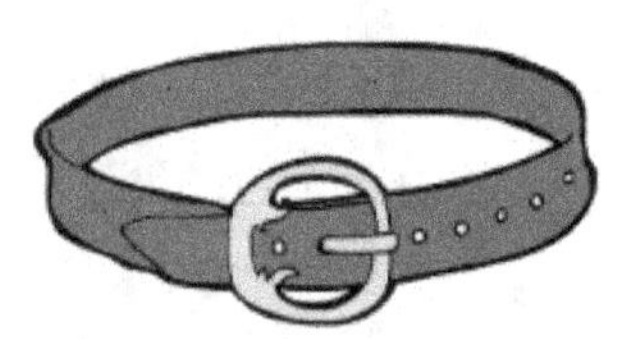

BELT

CINTURÓN

SAUCER

PLATILLO

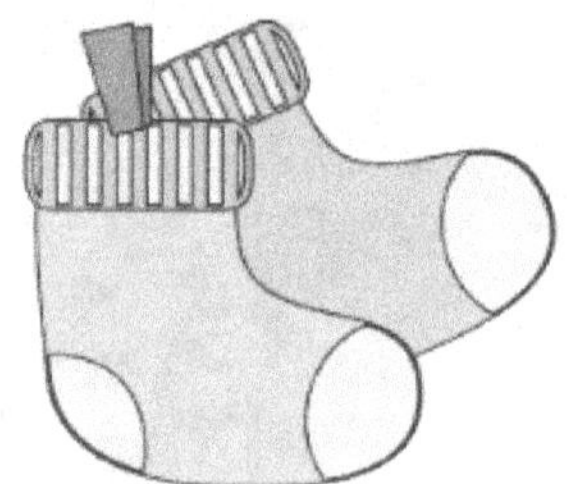

SOCKS

CALCETINES

Can you circle the hidden words?

O	D	Z	H	O	W	K	T	N	U
S	U	R	J	F	W	G	L	H	G
B	Z	F	I	U	J	W	F	Y	S
R	A	U	Z	Q	U	Y	P	Z	N
D	V	G	I	V	E	F	L	C	S
E	N	E	G	W	I	R	N	Q	N
C	O	M	P	U	T	E	R	W	U
V	A	E	S	R	S	H	L	A	C
O	H	A	M	M	E	R	B	D	R
P	I	E	C	P	R	O	H	N	W

PIE

TARTA

GIVE

DAR

COMPUTER

COMPUTADORA

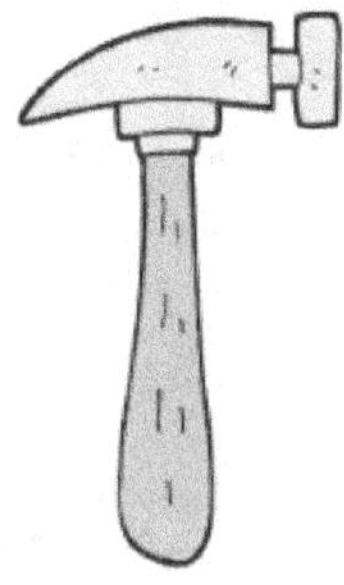

HAMMER

MARTILLO

Can you circle the hidden words?

B	U	J	Q	J	I	G	G	J	P
A	V	H	Q	T	Q	T	Q	Y	A
H	K	O	C	P	A	S	D	J	S
I	O	E	C	E	T	I	F	J	A
O	D	P	I	A	C	O	O	Q	P
D	O	Q	L	S	R	K	M	O	L
O	U	C	H	B	I	R	D	S	P
T	E	A	C	H	E	R	M	B	G
X	F	H	G	L	O	V	E	S	Z
M	Y	C	O	W	N	H	L	W	G

COW

VACA

BIRD

PÁJARO

GLOVES

GUANTES

TEACHER

PROFESOR

Can you circle the hidden words?

H	H	W	B	B	S	U	C	L	I
L	V	J	F	B	S	D	Q	B	W
Q	P	M	T	B	R	O	W	N	K
W	A	Z	A	M	S	C	F	R	K
M	O	U	T	H	Z	N	S	M	G
A	Z	H	B	E	D	N	H	P	F
O	M	Q	R	V	W	G	Z	H	K
T	S	Q	C	U	T	I	S	B	T
C	Q	G	D	A	I	V	J	S	K
C	H	E	E	S	E	V	A	D	O

MOUTH

BOCA

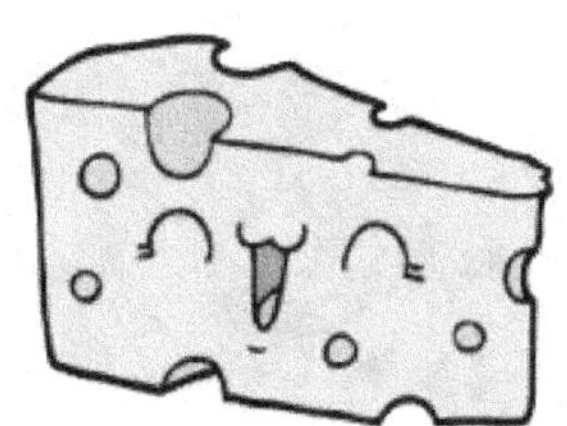

CHEESE

QUESO

CUT

CORTAR

BROWN

MARRÓN

Can you circle the hidden words?

```
S  T  Q  S  W  G  N  R  B  A
B  L  U  E  B  E  R  R  Y  A
Q  Y  E  D  O  H  A  I  R  J
W  I  Y  P  I  Q  K  H  I  D
L  W  B  R  R  O  A  C  B  P
E  W  H  L  Q  J  N  R  R  F
A  L  L  I  G  A  T  O  R  Z
I  K  V  U  I  R  Y  O  J  S
Y  A  J  H  T  A  Z  Q  I  N
E  J  E  Q  K  N  I  F  E  E
```

KNIFE

CUCHILLO

BLUEBERRY

ARÁNDANO

HAIR

CABELLO

ALLIGATOR

CAIMÁN

Can you circle the hidden words?

```
W  G  K  I  O  R  N  R  W  K
O  E  W  B  D  R  E  A  M  Q
C  A  R  R  A  C  I  N  G  Q
J  V  E  L  W  J  D  I  G  E
F  B  T  Z  M  Y  N  P  W  A
O  M  N  W  E  U  F  M  O  C
C  A  S  H  I  E  R  J  A  L
W  M  M  G  G  C  P  U  E  V
I  R  V  Q  Z  D  T  H  G  N
Q  N  T  Y  I  M  E  Z  T  E
```

CAR RACING

CARRERA DE COCHES

DIG

CAVAR

CASHIER

CAJERO

DREAM

SUEÑO

Can you circle the hidden words?

A	Y	U	W	A	I	T	N	B	J
A	S	E	Q	H	Y	E	Y	S	P
Q	T	K	T	S	X	Y	N	H	L
D	W	M	B	L	W	Q	T	R	B
M	K	C	A	R	P	E	T	R	Y
H	H	V	D	X	Q	O	C	B	V
N	T	H	M	O	U	S	E	J	I
M	P	S	U	N	D	A	Y	I	U
E	J	K	T	S	D	Y	E	J	C
E	H	J	X	F	Z	E	S	G	L

Sunday

MOUSE	SUNDAY	WAIT	CARPET
RATA	DOMINGO	ESPERE	ALFOMBRA

Can you circle the hidden words?

W	S	E	G	O	D	G	X	R	C
K	P	S	H	I	P	A	K	Z	S
Q	Y	M	G	M	D	S	O	H	W
B	C	W	G	R	F	S	M	L	K
Z	H	O	C	K	E	Y	O	L	D
Y	T	Y	C	G	O	S	F	Q	X
G	W	A	I	S	T	Z	F	R	H
E	H	Z	Y	L	G	X	V	K	J
R	M	A	N	D	A	R	I	N	Y
Q	L	K	H	E	L	F	V	A	S

HOCKEY

HOCKEY

MANDARIN

MANDARINA

SHIP

EMBARCACION

WAIST

CINTURA

Can you circle the hidden words?

T	A	W	J	K	Q	A	M	R	H
P	F	A	V	X	K	T	A	M	F
Z	L	P	A	N	D	A	L	P	F
B	X	O	S	R	T	N	G	M	S
L	B	I	B	C	J	E	H	V	K
K	T	T	K	D	O	K	U	B	K
A	C	T	O	R	D	Q	Z	S	A
I	F	F	L	V	N	Q	V	D	A
A	A	C	R	S	J	G	C	P	V
T	P	A	P	E	R	Y	K	X	O

PANDA

PANDA

PAPER

PAPEL

ACTOR

ACTOR

BIB

BABERO

Can you circle the hidden words?

```
X J C P H C U R R S
X B W R R C L U J T
C G L C H E R R Y V
M O U T H W A S H X
N J X Y C V T K R G
G L P D A N C E W N
D C K D L F T E H E
B I O M K G Z R V U
B R O C C O L I Z P
T V A A M P G Y Z X
```

MOUTHWASH

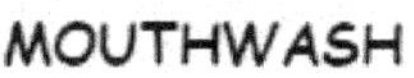

ENJUAGUE BUCAL

CHERRY

CEREZA

DANCE

BAILE

BROCCOLI

BRÓCOLI

Can you circle the hidden words?

A	B	S	A	U	S	A	G	E	N
T	A	T	N	S	N	W	F	T	L
O	Q	C	H	A	I	R	J	D	U
T	I	E	S	Q	F	W	M	F	T
R	F	J	Y	N	S	I	D	F	L
S	Z	J	R	V	M	Z	I	V	N
Z	Q	M	Q	W	P	K	Y	D	A
C	M	Y	B	A	O	Q	U	C	E
M	O	U	T	H	W	A	S	H	D
V	J	C	O	G	A	Z	B	C	U

CHAIR

SILLA

TIE

CORBATA

MOUTHWASH

ENJUAGUE BUCAL

SAUSAGE

SALCHICHA

Can you circle the hidden words?

X	G	D	E	E	R	Z	K	O	R
S	V	E	D	J	G	S	H	V	I
U	K	C	Z	Z	L	V	P	Z	W
G	Q	Q	V	S	Z	B	T	H	P
R	I	M	F	A	G	Q	O	G	A
P	H	D	V	H	F	O	X	D	G
G	F	U	P	P	U	J	C	S	G
S	O	D	A	N	K	M	S	U	S
N	O	T	E	B	O	O	K	V	C
X	V	R	T	P	Z	J	R	H	T

FOX

ZORRO

SODA

SODA

DEER

CIERVO

NOTEBOOK

CUADERNO

Can you circle the hidden words?

Z V T E S P F Y C A
X N Q T T Z E F Q K
L E D N F Z H R Z G
S U N D A Y D X S S
D C B S I A A J W P
T I M E R U X E R W
R V V N L L O A S Z
I S C J Y H F W M U
N K V I P T E A K L
V F Y E E G G H Q C

Sunday

EGG	SUNDAY	TIMER	TEA
HUEVO	DOMINGO	TEMPORIZADOR	TÉ

Can you circle the hidden words?

I	H	S	M	B	Z	I	R	X	Q
K	V	G	T	R	E	A	T	V	Z
S	H	A	I	X	E	F	X	V	O
E	S	O	C	K	S	C	W	W	C
D	R	Z	R	A	J	E	C	Q	H
K	I	T	T	E	N	N	X	E	E
Z	F	A	P	K	F	K	Z	J	L
M	N	H	R	M	R	H	D	T	R
B	T	F	O	N	S	P	M	E	N
A	C	O	W	F	I	Z	C	Y	W

COW

VACA

KITTEN

GATITO

EAT

COMER

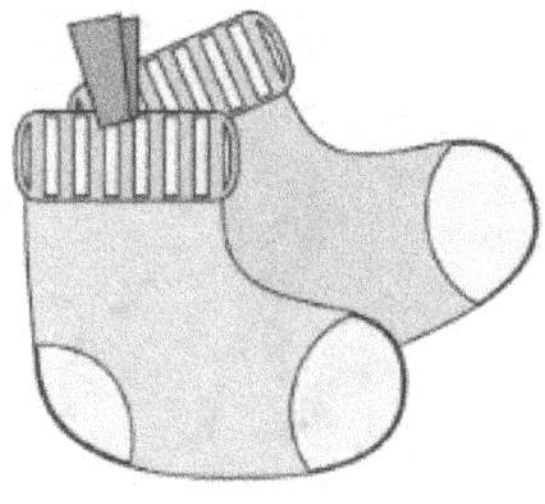

SOCKS

CALCETINES

Can you circle the hidden words?

T	Y	N	D	E	Q	I	J	F	F
S	W	E	A	T	E	R	U	R	G
R	L	C	Y	C	L	I	N	G	L
P	U	C	F	J	J	J	G	I	X
W	E	D	N	E	S	D	A	Y	G
T	E	J	E	B	D	P	X	M	Q
A	Z	I	J	J	X	Y	O	G	O
S	E	C	V	X	V	M	O	N	P
Q	I	S	H	F	W	G	Y	M	U
S	F	O	R	E	H	E	A	D	W

Wednesday

CYCLING	WEDNESDAY	SWEATER	FOREHEAD
CICLISMO	MIÉRCOLES	SUÉTER	FRENTE

Can you circle the hidden words?

O	B	H	Q	Y	P	H	A	M	D
E	I	G	H	T	E	E	N	E	D
J	R	O	C	T	O	P	U	S	O
L	F	D	C	T	F	S	R	D	K
J	S	W	X	H	A	K	N	N	R
Y	W	A	T	E	R	A	X	A	Z
H	P	R	P	R	V	X	T	A	E
O	J	E	A	N	S	D	B	V	T
F	U	Z	L	Q	K	R	F	T	X
R	Z	N	F	I	N	Y	R	I	X

OCTOPUS

PULPO

EIGHTEEN

DIECIOCHO

JEANS

PANTALONES

WATER

AGUA

Can you circle the hidden words?

N	Z	W	U	D	R	X	N	T	Q
C	O	B	W	G	Y	X	Z	C	D
A	Z	Z	F	G	E	I	Y	D	K
F	U	K	N	I	F	E	F	V	S
X	K	D	O	V	E	F	Y	K	W
S	I	X	T	E	E	N	D	K	G
X	Q	J	B	R	U	A	A	A	F
Q	D	R	U	L	E	R	M	H	L
R	Z	E	E	T	F	I	A	N	W
A	K	D	I	X	I	Q	F	F	B

SIXTEEN

DIECISÉIS

DOVE

PALOMA

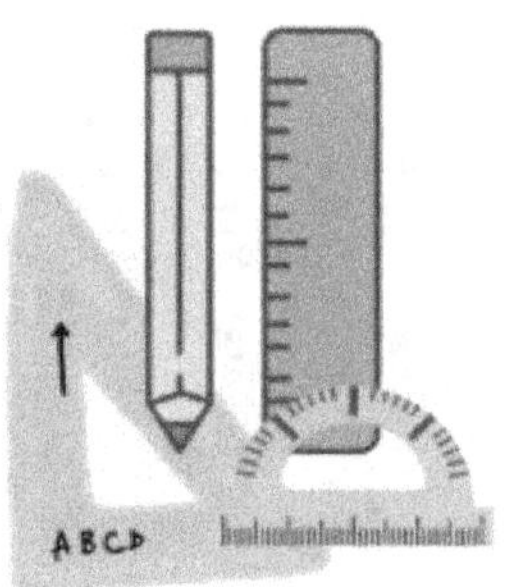

RULER

GOBERNANTE

KNIFE

CUCHILLO

Can you circle the hidden words?

A	S	K	A	X	N	Y	U	L	U
C	L	I	O	N	E	R	E	A	X
T	X	A	H	Q	B	Q	H	R	L
O	V	A	L	H	O	O	C	E	T
P	D	M	T	W	X	V	I	S	N
G	M	B	L	Y	E	Y	F	K	Q
A	L	L	I	G	A	T	O	R	N
C	O	L	D	I	L	F	E	L	R
Y	Y	T	V	R	G	C	H	K	C
M	C	Z	R	V	T	L	F	F	O

COLD

FRÍO

LION

LEÓN

ALLIGATOR

CAIMÁN

OVAL

OVAL

Can you circle the hidden words?

G	Q	I	S	M	O	K	U	K	C
B	O	G	L	U	E	H	Q	X	C
Q	W	Y	O	B	A	D	Y	O	W
G	B	A	N	A	N	A	Q	Z	E
J	Q	X	F	T	C	E	J	P	V
V	T	J	B	N	O	V	H	O	J
P	E	Q	K	F	E	G	W	Y	G
U	S	C	U	W	S	D	K	U	F
S	O	A	P	A	O	H	B	P	F
Z	S	A	W	D	O	W	L	H	Z

GLUE

PEGAMENTO

OWL

BÚHO

SOAP

JABÓN

BANANA

PLÁTANO

Can you circle the hidden words?

W	I	Z	Z	H	L	A	N	J	F
H	I	X	Z	N	T	M	Z	E	Q
O	R	D	A	N	B	Z	T	I	M
V	M	T	K	K	N	I	F	E	B
O	P	S	N	O	R	E	A	V	V
C	O	T	T	O	N	B	U	D	I
F	R	E	D	L	F	I	E	W	P
X	E	E	U	N	D	H	E	Y	R
C	C	B	R	T	L	A	E	P	N
R	Q	R	N	T	K	O	I	Y	T

COTTON BUD	KNIFE	RED	SNORE
BASTONCILLO DE ALGODÓN	CUCHILLO	ROJO	RONQUIDO

Can you circle the hidden words?

W	R	E	S	T	L	I	N	G	M
U	D	B	Q	D	V	W	E	N	P
E	Z	E	U	L	T	H	G	J	J
W	D	L	C	C	T	H	D	D	Q
K	V	L	Q	X	W	D	R	C	B
V	O	L	L	E	Y	B	A	L	L
U	H	O	C	K	E	Y	O	J	Y
C	H	Y	V	R	I	J	V	K	N
A	H	R	F	S	A	B	V	F	E
F	U	G	J	V	N	O	S	E	U

HOCKEY

HOCKEY

WRESTLING

LUCHA

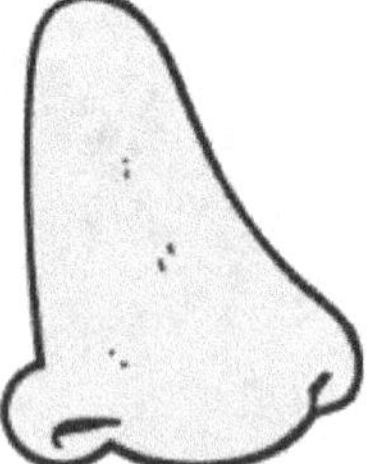

NOSE

NARIZ

VOLLEYBALL

VÓLEIBOL

Can you circle the hidden words?

M	T	I	K	V	R	Y	S	W	I
F	T	A	B	L	E	J	W	I	L
H	S	L	S	M	Q	C	J	D	X
Q	C	L	I	M	B	I	N	G	T
A	U	B	C	L	O	U	D	Y	L
P	K	I	L	S	R	K	B	X	D
O	A	U	L	H	O	R	S	E	T
U	A	V	Y	B	D	K	X	A	L
X	L	O	Q	I	H	H	Q	Z	P
G	E	Z	K	C	C	G	I	Z	S

TABLE

ESCRITORIOS

HORSE

CABALLO

CLOUDY

NUBLADO

CLIMBING

ALPINISMO

www.ingramcontent.com/pod-product-compliance
Lightning Source LLC
Chambersburg PA
CBHW081349160726
48000CB00010B/3262